Yoshihito Sugahara Works

REAL ACTION HEROES
SUGAHARA HERO BOOK vol.2 2001-2018

『仮面ライダー and More フェイクチラシコレクション』をご購入頂いた方に、
SNSで「RAHパッケージ絵をまとめたものはいつ出るのですか？」
と尋ねられたのが、本企画制作のキッカケでした。
考えてみると、元々RAH-DXパッケージは、
2000年に刊行した画集『Art of MASKED RIDER -SUGAHARA HERO BOOK vol.1 1997-2000』
収録のために描き下ろしたイラストレーションが、
その第1号（RAH-100）として採用されたところから始まっています。
時間軸としても＜その後＞を引き継いだ位置づけになるわけです。
実のところ、タイトルに記載した＜vol.1＞は、
単にそのフレーズが好きだという理由だけで付けたものでしたが、
あれから18年経ってみると、これを本当の意味での＜vol.1＞ということにして、
その後の＜vol.2＞があることが自然な流れのように思えてきます。
レーザーディスクのジャケットを中心にした画集が1、そして、
フィギュアパッケージをまとめたものが2、というワンセットで20年間の記録なのだと。
イラストレーションのみならず、デザイン込みで掲載したいという私の希望を、
快諾、御協力くださったメディコム・トイ様、タイムハウス様に心から感謝します。

2018年 秋　菅原芳人

CONTENTS

- 007・**CHAPTER**01
- 009・RAH100 仮面ライダー旧1号
- 011・RAH166 仮面ライダー旧2号
- 013・RAH172 仮面ライダー旧1号＜桜島1号＞
- 015・RAH175 仮面ライダー新1号
- 017・RAH177 仮面ライダー新2号・ショッカーライダー コンバーチブルセット
- 019・RAH193 仮面ライダー V3
- 021・RAH198 ライダーマン
- 023・RAH208 仮面ライダー X
- 025・RAH219 アポロガイスト
- 027・RAH227 仮面ライダーアマゾン
- 029・RAH244 仮面ライダーストロンガー
- 031・RAH245 仮面ライダー旧1号＜1971Ver.＞（Ver.2.0）
- 033・RAH288 仮面ライダー旧2号（Ver.2.0）
- 035・RAH313 スカイライダー
- 037・RAH323 仮面ライダー旧1号＜桜島1号＞（Ver.2.0）
- 039・RAH338 仮面ライダー新1号（Ver.2.0）
- 041・RAH372 仮面ライダースーパー1
- 043・RAH383 仮面ライダー ZX
- 045・RAH393 仮面ライダー BLACK
- 047・RAH419 シャドームーン
- 049・RAH421 仮面ライダー BLACK RX
- 051・RAH543 仮面ライダー新1号（Ver.2.5）
- 053・RAH552 仮面ライダー新2号（Ver.2.5）
- 055・RAH589 シャドームーン（Ver.1.5）

057	・RAH699 仮面ライダーBLACK（Ver.1.5）	085	・RAH528 仮面ライダーパンチホッパー
059	・RAH742 仮面ライダーBLACK RX（Ver.1.5）	087	・RAH532 仮面ライダーカブト ライダーフォーム（Ver.2.0）
061	・RAH745 シャドームーン	089	・RAH533 オートバジン バトルモード
063	・**CHAPTER**02	091	・RAH544 仮面ライダーガタック ライダーフォーム
065	・RAH436 仮面ライダークウガ マイティフォーム	093	・RAH556 仮面ライダーザビー ライダーフォーム
067	・RAH446 仮面ライダークウガ グローイングフォーム	095	・RAH557 仮面ライダークウガ アメイジングマイティ
069	・RAH463 仮面ライダーアギト グランドフォーム	097	・RAH558 仮面ライダーダークカブト ライダーフォーム（Ver.2.0）
071	・RAH468 仮面ライダークウガ ライジングマイティ	099	・RAH563 仮面ライダーサソード ライダーフォーム
073	・RAH474 仮面ライダーアギト トリニティフォーム	101	・RAH566 仮面ライダークウガ マイティフォーム（Ver.1.5）
075	・RAH492 仮面ライダーファイズ	103	・RAH568 仮面ライダーブレイド
077	・RAH504 仮面ライダーファイズ アクセルフォーム	105	・RAH586 仮面ライダーギャレン
079	・RAH509 仮面ライダーカイザ	107	・RAH594 仮面ライダーアギト グランドフォーム（リニューアル Ver.）
081	・RAH519 仮面ライダーキックホッパー	109	・RAH599 ジョーカー
083	・RAH525 仮面ライダーデルタ	111	・RAH602 仮面ライダーカリス

CONTENTS

- 113・RAH607 アルビノジョーカー
- 115・RAH609 仮面ライダー龍騎
- 117・RAH613 仮面ライダーブレイド キングフォーム
- 119・RAH616 オルタナティブ・ゼロ
- 121・RAH617 オルタナティブ
- 123・RAH623 仮面ライダーG3-X
- 125・RAH633 仮面ライダーG4
- 127・RAH639 仮面ライダーアギト シャイニングフォーム
- 129・RAH645 仮面ライダーファイズ ブラスターフォーム
- 131・RAH650 仮面ライダーファイズ(Ver.1.5)
- 133・RAH659 ウルフオルフェノク
- 135・RAH670 仮面ライダードレイク ライダーフォーム
- 137・RAH678 仮面ライダーW サイクロンジョーカー(Ver.2.0)
- 139・RAH685 仮面ライダー電王 クライマックスフォーム
- 141・RAH686 仮面ライダーファイズ アクセルフォーム(Ver.1.5)
- 143・RAH694 仮面ライダージョーカー(Ver.2.0)
- 145・RAH703 仮面ライダーエターナル
- 147・RAH708 仮面ライダースカル(Ver.2.0)
- 149・RAH731 仮面ライダーディエンド
- 151・RAH759 仮面ライダークウガ アルティメットフォーム
- 153・**CHAPTER**03
- 155・RAH183 デンセンマン
- 157・RAH270 人造人間キカイダー
- 159・RAH284 人造人間ハカイダー
- 161・RAH537 人造人間キカイダー(Ver.1.5)
- 163・RAH578 宇宙刑事ギャバン
- 165・RAH611 宇宙刑事シャリバン
- 167・RAH621 宇宙刑事シャイダー
- 169・RAH641 巨獣特捜ジャスピオン
- 171・RAH658 キカイダー 01
- 173・RAH666 マッドギャラン
- 175・RAH691 イナズマン
- 177・RAH717 美少女仮面ポワトリン
- 179・RAH220 & THM
- 182・Let's make it!

CHAPTER 01

CHAPTER 01
1971-1998

RAH100　RAH DX 仮面ライダー旧1号

原型製作：VICE
衣装製作：のだゆみこ（創ing）
PKデザイン：菅 誠司

発売元：タイムハウス
販売元：メディコム・トイ
© 石森プロ・東映
From『仮面ライダー』(1971-1973)

『仮面ライダー』の放送開始・第1話から第13話までにおける仮面ライダー1号。

封入フェイクチラシ　SFP-MR/00-01

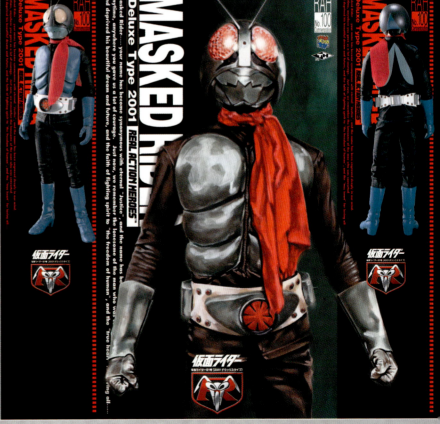

RAH166　RAH DX 仮面ライダー旧2号

原型製作：VICE
ボディ原型製作：VICE
衣装製作：のだゆみこ（創ing）

発売元：タイムハウス
販売元：メディコム・トイ
© 石森プロ・東映
From『仮面ライダー』（1971-1973）

『仮面ライダー』の第14話から第52話までにおける仮面ライダー2号。

封入フェイクチラシ　SFP-MR/32-02

012

RAH172　RAH DX 仮面ライダー旧1号＜桜島1号＞

原型製作：VICE
衣装製作：のだゆみこ（創ing）

［RAH-DX 仮面ライダー旧2号］購入特典商品
発売元：タイムハウス
販売元：メディコム・トイ
© 石森プロ・東映
From『仮面ライダー』(1971-1973)

『仮面ライダー』第40話・41話に登場する仮面ライダー1号の俗称。登場回のロケ地である鹿児島・桜島にちなんだもの。本来の旧1号マスク、コスチュームとの違いは、主に色彩。薄いピンクであった複眼は深紅に、マスク本体は艶のあるブラックに、クラッシャーは明確なグリーンに変更されている。その後第51・52話でもこの姿の1号が登場し、53話以降からは新1号が登場する。

封入フェイクチラシ
SFP-MR/41-05

RAH175　RAH DX 仮面ライダー新1号

原型製作：VICE
衣装製作：のだゆみこ（創ing）

［RAH-DX 仮面ライダー旧2号］購入特典商品
発売元：タイムハウス
販売元：メディコム・トイ
© 石森プロ・東映
From『仮面ライダー』(1971-1973)

封入フェイクチラシ　SFP-MR/53S-07

RAH177　RAH DX 仮面ライダー新2号・ショッカーライダー コンバーチブルセット

原型製作：VICE
衣装製作：のだゆみこ（創ing）

［RAH-DX 仮面ライダー旧2号］購入特典商品
発売元：タイムハウス
販売元：メディコム・トイ
© 石森プロ・東映
From『仮面ライダー』(1971-1973)

封入フェイクチラシ
SFP-MR/93-09

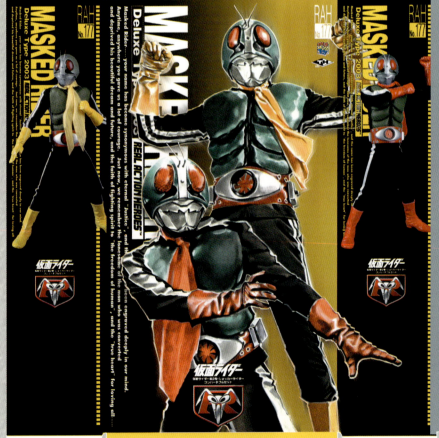

RAH193　RAH DX 仮面ライダーV3

原型製作：PERFECT-STUDIO
衣装製作：のだゆみこ（創ing）

発売元：タイムハウス
販売元：メディコム・トイ
© 石森プロ・東映
From『仮面ライダーV3』（1973-1974）

封入フェイクチラシ　SFP-MR/53S-07

RAH198   RAH DX ライダーマン

原型製作：前田恭治＜結城丈二頭部＞
　　　　　PERFECT-STUDIO
衣裝製作：のだゆみこ（創ing）

［RAH 仮面ライダーV3DX］購入特典商品
発売元：タイムハウス
販売元：メディコム・トイ
© 石森プロ・東映
From『仮面ライダーV3』（1973-1974）

封入フェイクチラシ
SFP-MR V3/51-17

RAH208　RAH DX 仮面ライダーX

原型製作：PERFECT-STUDIO
衣装製作：のだゆみこ（創ing）

発売元：タイムハウス
販売元：メディコム・トイ
© 石森プロ・東映
From『仮面ライダーX』(1974)

封入フェイクチラシ　SFP-X/01&02-18

RAH219　RAH DX アポロガイスト

原型製作：PERFECT-STUDIO
衣装製作：のだゆみこ（創ing）

［RAH-DX 仮面ライダーX］購入特典商品
発売元：タイムハウス
販売元：メディコム・トイ
© 石森プロ・東映
From『仮面ライダーX』(1974)

封入フェイクチラシ
SFP-MR X/09&10-19

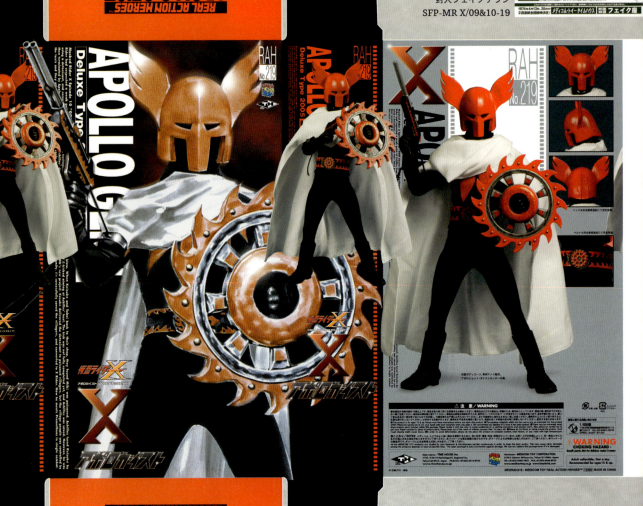

RAH227　RAH DX 仮面ライダーアマゾン

原型製作：PERFECT-STUDIO
衣裳製作：のだゆみこ（創ing）

発売元：タイムハウス
販売元：メディコム・トイ
© 石森プロ・東映
From『仮面ライダーアマゾン』(1974-1975)

封入フェイクチラシ　SFP-MR AMAZON/00-21

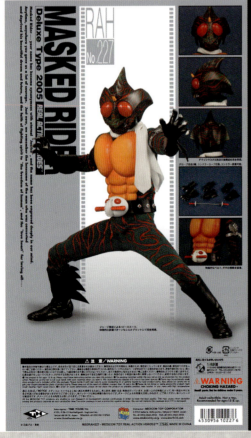 

028

RAH244   RAH DX 仮面ライダーストロンガー

原型製作：PERFECT-STUDIO
衣装製作：のだゆみこ（創ing）

発売元：タイムハウス
販売元：メディコム・トイ
© 石森プロ・東映
From『仮面ライダーストロンガー』(1975)

封入フェイクチラシ　SFP-MR STRONGER/01-22

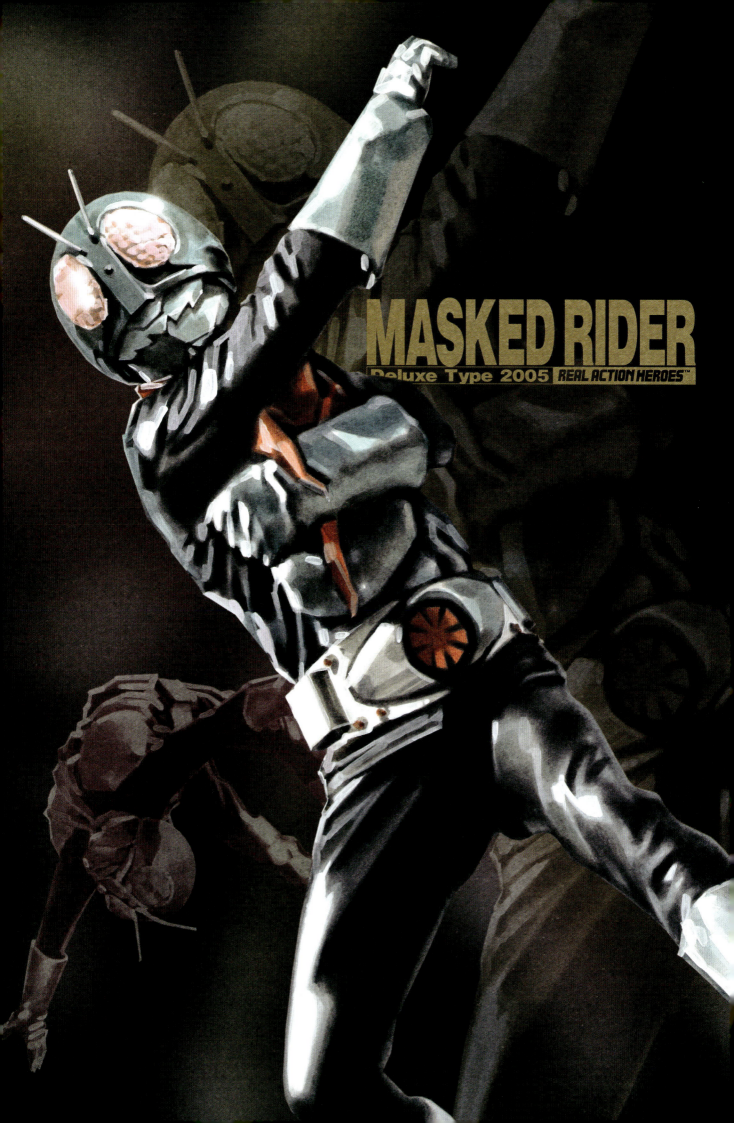

RAH245 RAH DX 仮面ライダー旧1号 <1971Ver.> (Ver.2.0)

原型製作：PERFECT-STUDIO
衣裝製作：のだゆみこ（創ing）
発売元：タイムハウス
販売元：メディコム・トイ
© 石森プロ・東映
From『仮面ライダー』(1971-1973)

封入フェイクチラシ
SFP-MR/04-23

RAH288 RAH DX 仮面ライダー旧2号（Ver.2.0）

原型製作：PERFECT-STUDIO
衣裳製作：のだゆみこ（創ing）
発売元：タイムハウス
販売元：メディコム・トイ
© 石森プロ・東映
From『仮面ライダー』(1971-1973)

封入フェイクチラシ
SFP-MR/46-33

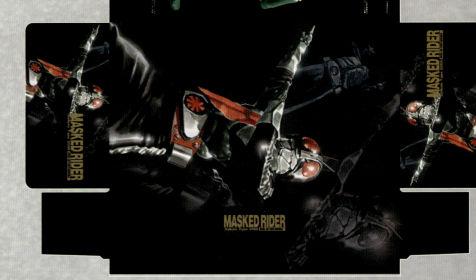

RAH313　RAH DX スカイライダー

原型製作：PERFECT-STUDIO
衣装製作：のだゆみこ（創ing）

発売元：タイムハウス
販売元：メディコム・トイ
©石森プロ・東映
From『仮面ライダー(新)』(1979-1980)

封入フェイクチラシ　SFP-MR SKY/00-35

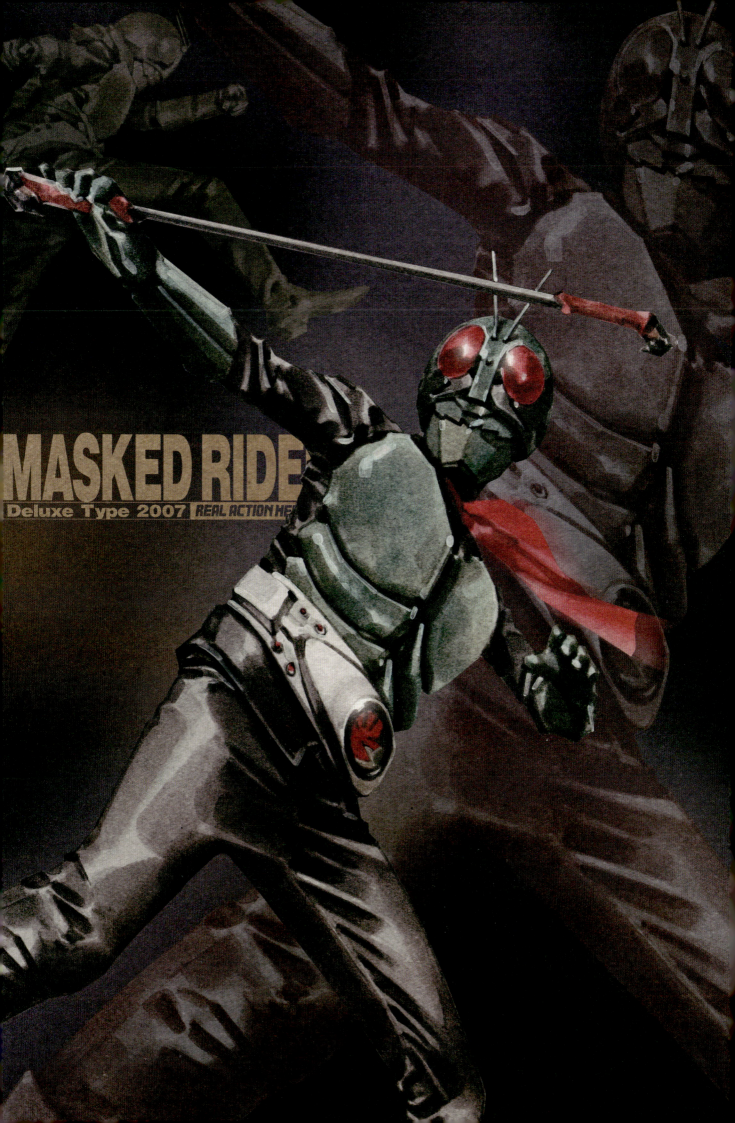

RAH323 RAH DX 仮面ライダー旧1号＜桜島1号＞（Ver.2.0）

原型製作：PERFECT-STUDIO
衣装製作：のだゆみこ（創ing）

ハイパーホビー誌上限定
発売元：タイムハウス
販売元：メディコム・トイ
© 石森プロ・東映
From『仮面ライダー』(1971-1973)

MASKED RIDER
Deluxe Type 2007 REAL ACTION HEROES

RAH338　RAH DX 仮面ライダー新1号（Ver.2.0）

原型製作：PERFECT-STUDIO
衣裝製作：のだゆみこ（創ing）

発売元・タイムハウス
販売元：メディコム・トイ
© 石森プロ・東映
From『仮面ライダー』（1971-1973）

封入フェイクチラシ
SFP-MR/46-33

RAH372 RAH DX 仮面ライダースーパー1

原型製作：PERFECT-STUDIO
衣裳製作：のだゆみこ（創ing）

発売元：タイムハウス
販売元：メディコム・トイ
© 石森プロ・東映
From『仮面ライダースーパー1』（1980-1981）

封入フェイクチラシ　SFP-MR SUPER1/00-38

RAH383　RAH DX 仮面ライダーZX

原型製作：PERFECT-STUDIO
衣装製作：のだゆみこ（創ing）

発売元：タイムハウス
販売元：メディコム・トイ

© 石森プロ・東映
From『10号誕生！その名はZX（ゼクロス）』(1984)

RAH393 RAH DX 仮面ライダーBLACK

原型製作：PERFECT-STUDIO
衣装製作：のだゆみこ（創ing）

発売元：タイムハウス
販売元：メディコム・トイ
© 石森プロ・東映
From『仮面ライダーBLACK』(1987-1988)

封入フェイクチラシ　SFP-MR BLACK/00-39

RAH419　RAH DX シャドームーン

原型製作：PERFECT-STUDIO
衣裳製作：のだゆみこ（創ing）

発売元：タイムハウス
販売元：メディコム・トイ
© 石森プロ・東映
From『仮面ライダーBLACK』(1987-1988)

MASKED RIDER
Deluxe Type 2009 REAL ACTION HEROES™

RAH No. 421

RAH421　RAH DX 仮面ライダーBLACK RX

原型製作：PERFECT-STUDIO
衣装製作：のだゆみこ（創ing）
発売元：タイムハウス
販売元：メディコム・トイ
© 石森プロ・東映
From『仮面ライダーBLACK RX』(1988-1989)

封入フェイクチラシ　SFP-MR BLACK RX/00-40

MASKED RIDER

Deluxe Type 011 — REAL ACTION HEROES™

RAH No.543

RAH543 RAH DX 仮面ライダー新1号（Ver.2.5）

原型製作：PERFECT-STUDIO
衣装製作：のだゆみこ（創ing）

発売元：タイムハウス
販売元：メディコム・トイ
© 石森プロ・東映
From『仮面ライダー』(1971-1973)

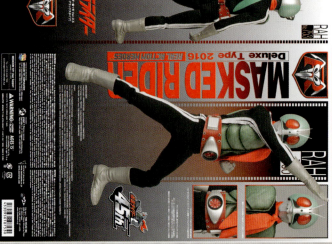

※実際の商品では、パッケージ中央部分は写真が使用されていました。

MASKED RIDER
Deluxe Type 2011 | REAL ACTION HEROES™

RAH No.552

RAH552　RAH DX 仮面ライダー新2号（Ver.2.5）

原型製作：PERFECT-STUDIO
衣装製作：のだゆみこ（創ing）

メディコム・トイ プレミアムクラブ限定商品
発売元：タイムハウス
販売元：メディコム・トイ
© 石森プロ・東映
From『仮面ライダー』(1971-1973)

RAH589 RAH DX シャドームーン（Ver.1.5）

原型製作：PERFECT-STUDIO
衣装製作：のだゆみこ（創ing）

ワンダーフェスティバル'12［夏］開催記念商品
発売元：タイムハウス
販売元：メディコム・トイ
©石森プロ・東映
From『仮面ライダーBLACK RX』(1988-1989)

MASKED RIDER Deluxe Type 2015 REAL ACTION HEROES

RAH No.699

RAH699　RAH DX 仮面ライダーBLACK（Ver.1.5）

原型製作：小熊しもん＆PERFECT-STUDIO
衣装製作：のだゆみこ（創ing）

メディコム・トイ プレミアムクラブ限定商品
発売元：タイムハウス
販売元：メディコム・トイ
© 石森プロ・東映
From『仮面ライダーBLACK』(1987-1988)

RAH742 RAH DX 仮面ライダーBLACK RX (Ver.1.5)

原型製作：PERFECT-STUDIO
衣装製作：のだゆみこ（創ing）

発売元：タイムハウス
販売元：メディコム・トイ
© 石森プロ・東映
From『仮面ライダーBLACK RX』(1988-1989)

RAH745　RAH DX シャドームーン（Ver.2.0）

原型製作：PERFECT STUDIO
衣装製作：のだゆみこ（創ing）

発売元：タイムハウス
販売元：メディコム・トイ
© 石森プロ・東映
From『仮面ライダーBLACK RX』（1988-1989）

CHAPTER 02

CHAPTER 02

2000-2018

RAH436 RAH DX 仮面ライダークウガ マイティフォーム

原型製作：PERFECT-STUDIO
衣装製作：のだゆみこ（創ing）

発売元：タイムハウス
販売元：メディコム・トイ
© 石森プロ・東映
From『仮面ライダークウガ』(2000-2001)

クウガの基本フォーム。

封入フェイクチラシ　SFP-MR KUUGA/00-42

RAH446　RAH DX 仮面ライダークウガ グローイングフォーム

原型製作：PERFECT-STUDIO
衣装製作：のだゆみこ（創ing）

発売元：タイムハウス
販売元：メディコム・トイ
©石森プロ・東映
From『仮面ライダークウガ』(2000-2001)

クウガの未完成形態。全身の機能を司るコントロールクラウン（角）が短くなっているのが特徴。基本能力その他は、本来の完成形態であるマイティフォームの約半分程度。

MASKED RIDER
Deluxe Type 2009 REAL ACTION HEROES™

RAH
No.463

RAH463 RAH DX 仮面ライダーアギト グランドフォーム

原型製作：PERFECT-STUDIO
衣装製作：のだゆみこ（創ing）

発売元：タイムハウス
販売元：メディコム・トイ
© 石森プロ・東映
From『仮面ライダーアギト』（2001-2002）

アギトの基本フォーム。

封入フェイクチラシ　SFP-MR AGITO/00-43

070

RAH468 RAH DX 仮面ライダークウガ ライジングマイティ

原型製作：PERFECT-STUDIO
衣装製作：のだゆみこ（創ing）

発売元：タイムハウス
販売元：メディコム・トイ
© 石森プロ・東映
From『仮面ライダークウガ』(2000-2001)

ライジングパワーで強化されたクウガマイティフォームの強化形態。右足にマイティアンクレットを装着。

RAH474　RAH DX 仮面ライダーアギト トリニティフォーム

原型製作：PERFECT-STUDIO
衣装製作：のだゆみこ（創ing）

発売元：タイムハウス
販売元：メディコム・トイ
© 石森プロ・東映
From『仮面ライダーアギト』(2001-2002)

グランドフォーム、ストームフォーム、フレイムフォームの融合形態。ストームフォームのスピード・ジャンプ力・敏捷性、フレイムフォームの知覚と腕力を備えており、ストームハルバードとフレイムセイバーを同時に使用可能。

RAH492　RAH DX 仮面ライダーファイズ

原型製作：PERFECT-STUDIO
衣装製作：のだゆみこ（創ing）

発売元：タイムハウス
販売元：メディコム・トイ
© 石森プロ・東映
From『仮面ライダー555』(2003-2004)

ファイズの基本フォーム。

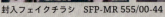

封入フェイクチラシ　SFP-MR 555/00-44

RAH504　RAH DX 仮面ライダーファイズ アクセルフォーム

原型製作：PERFECT-STUDIO
衣装製作：のだゆみこ（創ing）

発売元：タイムハウス
販売元：メディコム・トイ
© 石森プロ・東映
From『仮面ライダー555』（2003-2004）

ファイズのフォームチェンジした高速形態。胸部の装甲「フルメタルラング」が展開され内部機構が露出、全身のフォトンストリームが赤から銀色に変色する。スタースイッチを押すと自身の動きを10秒間だけ1000倍に加速、同時に必殺技が複数回使用可能。

RAH509　RAH DX 仮面ライダーカイザ

原型製作：PERFECT-STUDIO
衣装製作：のだゆみこ（創ing）
発売元：タイムハウス
販売元：メディコム・トイ
© 石森プロ・東映
From『仮面ライダー555』(2003-2004)

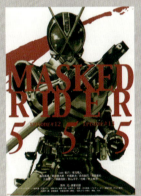

封入フェイクチラシ　SFP-MR 555/12&13-45

080

RAH519　RAH DX 仮面ライダーキックホッパー

原型製作：PERFECT-STUDIO
衣装製作：秋元みえこ

発売元：タイムハウス
販売元：メディコム・トイ
© 石森プロ・東映
From『仮面ライダーカブト』(2006-2007)

封入フェイクチラシ　SFP-MR KABUTO/35&36-46

RAH525　RAH DX 仮面ライダーデルタ

原原型製作：PERFECT-STUDIO
衣装製作：のだゆみこ（創ing）

発売元：タイムハウス
販売元：メディコム・トイ
© 石森プロ・東映
From『仮面ライダー555』（2003-2004）

封入フェイクチラシ　SFP-MR 555/26,27.28-47

RAH528　RAH DX 仮面ライダーパンチホッパー

原型製作：PERFECT-STUDIO
衣裳製作：秋元みえこ

発売元：タイムハウス
販売元：メディコム・トイ
© 石森プロ・東映
From『仮面ライダーカブト』(2006-2007)

RAH532　RAH DX 仮面ライダーカブト ライダーフォーム（Ver.2.0）

原型製作：小熊しもん＆ PERFECT-STUDIO
衣装製作：秋元みえこ
発売元：タイムハウス
販売元：メディコム・トイ
© 石森プロ・東映
From『仮面ライダーカブト』（2006-2007）

封入フェイクチラシ　SFP-MR KABUTO/00-48

RAH533　RAH DX オートバジン バトルモード

原型製作：PERFECT-STUDIO
衣装製作：のだゆみこ（創ing）

メディコム・トイプレミアムクラブ限定商品
発売元：タイムハウス
販売元：メディコム・トイ
© 石森プロ・東映
From『仮面ライダー555』(2003-2004)

ファイズの専用オートバイ。スマートブレイン社の子会社、スマートブレインモーターズ社製の可変型バリアブルビークル。搭載された AI によって自律行動が可能なほかに変形機構を持つ。「バトルモード」は、人型ロボット形態。

RAH544　RAH DX 仮面ライダーガタック ライダーフォーム

原型製作：PERFECT-STUDIO
衣装製作：秋元みえこ

メディコム・トイプレミアムクラブ限定商品
発売元：タイムハウス
販売元：メディコム・トイ
ⓒ石森プロ・東映
From『仮面ライダーカブト』(2006-2007)

RAH556　RAH DX 仮面ライダーザビー ライダーフォーム

原型製作：PERFECT-STUDIO
衣裳製作：秋元みえこ

発売元：タイムハウス
販売元：メディコム・トイ
© 石森プロ・東映
From『仮面ライダーカブト』(2006-2007)

封入フェイクチラシ　SFP-MR KABUTO/7&8-49

RAH557 RAH DX 仮面ライダークウガ アメイジングマイティ

原型製作：PERFECT-STUDIO
衣装製作：のだゆみこ（創ing）

Amazon.co.jp 限定商品
発売元：タイムハウス
販売元：メディコム・トイ
© 石森プロ・東映
From『仮面ライダークウガ』(2000-2001)

クウガ ライジングマイティの強化形態。両足にマイティアンクレットを装備。

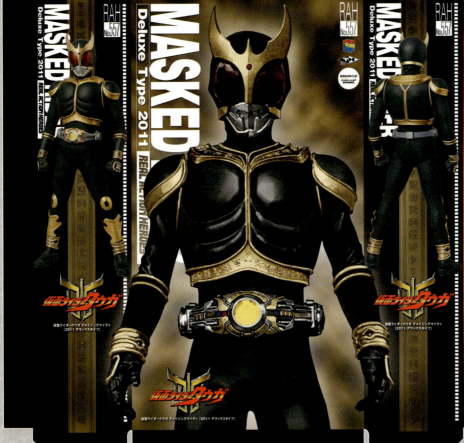

RAH558 RAH DX 仮面ライダーダークカブト ライダーフォーム（Ver.2.0）

原型製作：小熊しもん＆PERFECT-STUDIO
衣装製作：秋元みえこ

MEDICOM TOY MANUAL VOLUME Ⅱ 誌上限定商品
発売元：タイムハウス
販売元：メディコム・トイ
© 石森プロ・東映
From『仮面ライダーカブト』（2006-2007）

098

RAH563 RAH DX 仮面ライダーサソード ライダーフォーム

原型製作：PERFECT-STUDIO
衣装製作：秋元みえこ

メディコム・トイ プレミアムクラブ限定商品
発売元：タイムハウス
販売元：メディコム・トイ
© 石森プロ・東映
From『仮面ライダーカブト』(2006-2007)

RAH566   RAH DX 仮面ライダークウガ マイティフォーム（Ver.1.5）

原型製作：PERFECT-STUDIO
衣装製作：のだゆみこ（創ing）
発売元：タイムハウス
販売元：メディコム・トイ
© 石森プロ・東映
From『仮面ライダークウガ』（2000-2001）

封入フェイクチラシ　SFP-MR KUUGA/01-51

RAH568   RAH DX 仮面ライダーブレイド

原型製作：PERFECT-STUDIO
衣装製作：のだゆみこ（創ing）

発売元：タイムハウス
販売元：メディコム・トイ
© 石森プロ・東映
From『仮面ライダー剣』（2004-2005）

封入フェイクチラシ　SFP-MR BLADE/01-50

RAH586　RAH DX 仮面ライダーギャレン

原型製作：PERFECT-STUDIO
衣装製作：のだゆみこ（創ing）

メディコム・トイ プレミアムクラブ限定商品
発売元：タイムハウス
販売元：メディコム・トイ
© 石森プロ・東映
From『仮面ライダー剣』(2004-2005)

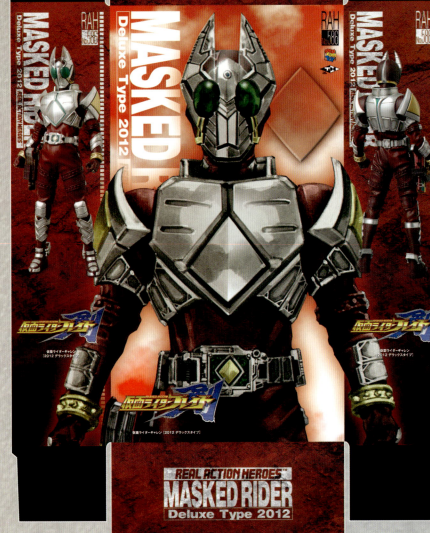

RAH594 RAH DX 仮面ライダーアギト グランドフォーム（リニューアル Ver.）

原型製作：PERFECT-STUDIO
衣装製作：のだゆみこ（創ing）

発売元：タイムハウス
販売元：メディコム・トイ
© 石森プロ・東映
From『仮面ライダーアギト』(2001-2002)

封入フェイクチラシ　SFP-MR AGITO/26,27-52

RAH599 RAH DX ジョーカー

原型製作：PERFECT-STUDIO
衣装製作：のだゆみこ（創ing）

メディコム・トイ プレミアムクラブ限定商品
発売元：タイムハウス
販売元：メディコム・トイ
© 石森プロ・東映
From『仮面ライダー剣』(2004-2005)

RAH602　RAH DX 仮面ライダーカリス

原型製作：PERFECT-STUDIO
衣裳製作：のだゆみこ（創ing）

メディコム・トイ プレミアムクラブ限定商品
発売元：タイムハウス
販売元：メディコム・トイ
©石森プロ・東映
From『仮面ライダー剣』(2004-2005)

RAH607　RAH DX アルビノジョーカー

原型製作：PERFECT-STUDIO
衣装製作：のだゆみこ（創ing）

メディコム・トイ プレミアムクラブ限定商品
発売元：タイムハウス
販売元：メディコム・トイ
© 石森プロ・東映
From『仮面ライダー剣』（2004-2005）

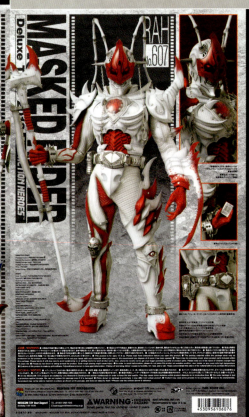

RAH609   RAH DX 仮面ライダー龍騎

原型製作：PERFECT-STUDIO
衣装製作：秋元みえこ

発売元：タイムハウス
販売元：メディコム・トイ
© 石森プロ・東映
From『仮面ライダー龍騎』(2002-2003)

封入フェイクチラシ　SFP-MR RYUKI/01-53

RAH613　RAH DX 仮面ライダーブレイド キングフォーム

原型製作：PERFECT-STUDIO
衣装製作：のだゆみこ（創ing）

メディコム・トイ プレミアムクラブ限定商品
発売元：タイムハウス
販売元：メディコム・トイ
© 石森プロ・東映
From『仮面ライダー剣』（2004-2005）

ラウズアブゾーバーに♠Q「ABSORB」のカードを装填し、♠K「EVOLUTION」のカードをラウズすることで強化変身する全てのスペードスートのアンデッドと融合したブレイドの最強形態。

RAH616   RAH DX オルタナティブ・ゼロ

原型製作：PERFECT-STUDIO
衣装製作：のだゆみこ（創ing）

メディコム・トイ プレミアムクラブ限定商品
発売元：タイムハウス
販売元：メディコム・トイ
© 石森プロ・東映
From『仮面ライダー龍騎』(2002-2003)

RAH617 RAH DX オルタナティブ

原型製作：PERFECT-STUDIO
衣装製作：のだゆみこ（創ing）

メディコム・トイ プレミアムクラブ限定商品
発売元：タイムハウス
販売元：メディコム・トイ
© 石森プロ・東映
From『仮面ライダー龍騎』(2002-2003)

RAH623　RAH DX 仮面ライダーG3-X

原型製作：前田恭治＜頭部＞
　　　　　PERFECT-STUDIO＜パーツ＞
衣裳製作：のだゆみこ（創ing）
メディコム・トイ プレミアムクラブ限定商品
発売元：タイムハウス
販売元：メディコム・トイ
© 石森プロ・東映
From『仮面ライダーアギト』（2001-2002）

RAH633 　RAH DX 仮面ライダーG4

原型製作：PERFECT-STUDIO
衣装製作：のだゆみこ（創ing）

メディコム・トイ プレミアムクラブ限定商品
発売元：タイムハウス
販売元：メディコム・トイ
© 石森プロ・東映
From『仮面ライダーアギト』(2001-2002)

RAH639　RAH DX 仮面ライダーアギト シャイニングフォーム

原型製作 PERFECT-STUDIO
衣裳製作 のだゆみこ（創ing）

メディコム・トイ プレミアムクラブ限定商品
発売元：タイムハウス
販売元：メディコム・トイ
© 石森プロ・東映
From『仮面ライダーアギト』(2001-2002)

太陽の光を受けたバーニングフォームの装甲がはがれる事で変身するアギトの最終最強形態。グランドフォーム以上のスピーディーな格闘戦や、シャイニングカリバーを使用する近接格闘戦を得意とする。

RAH645 RAH DX 仮面ライダーファイズ ブラスターフォーム

原型製作 小熊しもん＆PERFECT-STUDIO
衣装製作 のだゆみこ（創ing）

メディコム・トイ プレミアムクラブ限定商品
発売元：タイムハウス
販売元：メディコム・トイ
© 石森プロ・東映
From『仮面ライダー555』(2003-2004)

ファイズブラスターにファイズフォンをセットし、「555」の変身コードを入力することで変身するファイズの最終強化形態。

RAH650　RAH DX 仮面ライダーファイズ（Ver.1.5）

原型製作：小熊しもん＆ PERFECT-STUDIO
衣装製作：のだゆみこ（創ing）

メディコム・トイ プレミアムクラブ限定商品
発売元：タイムハウス
販売元：メディコム・トイ
© 石森プロ・東映
From『仮面ライダー555』（2003-2004）

RAH659 RAH DX ウルフオルフェノク

原型製作：前田恭治
衣装製作：のだゆみこ（創ing）

メディコム・トイ プレミアムクラブ限定商品
発売元：タイムハウス
販売元：メディコム・トイ
© 石森プロ・東映
From『仮面ライダー555』(2003-2004)

RAH670 RAH DX 仮面ライダードレイク ライダーフォーム

原型製作：小熊しもん& PERFECT-STUDIO
衣装製作：秋元みえこ

メディコム・トイ プレミアムクラブ限定商品
発売元：タイムハウス
販売元：メディコム・トイ
© 石森プロ・東映
From『仮面ライダーカブト』(2006-2007)

RAH678　RAH DX 仮面ライダーW サイクロンジョーカー（Ver.2.0）

原型製作：小熊しもん＆PERFECT-STUDIO
衣裳製作：秋元みえこ

メディコム・トイ プレミアムクラブ限定商品
発売元：タイムハウス
販売元：メディコム・トイ
© 石森プロ・東映
From『仮面ライダーW』(2009-2010)

ダブルドライバーの右スロットにサイクロンメモリを、左スロットにジョーカーメモリを装填して変身するダブルの基本形態のひとつ。必殺技はジョーカーエクストリーム。

RAH685　RAH DX 仮面ライダー電王 クライマックスフォーム

原型製作：小熊しもん＆ PERFECT-STUDIO
衣装製作：秋元みえこ

メディコム・トイ プレミアムクラブ限定商品
発売元：タイムハウス
販売元：メディコム・トイ
ⓒ石森プロ・東映
From『仮面ライダー電王』(2007-2008)

電王が携帯電話型アイテム・ケータロスの特定のボタンを順番に押してベルトに付ける事でモモタロス・ウラタロス・キンタロス・リュウタロスのイマジン4体が同時に憑依して変身する強化形態。

※今回の再録にあたって、リリース当時のイラストレーションに一部加筆修正しています。

RAH686　RAH DX 仮面ライダーファイズ アクセルフォーム（Ver.1.5）

原型製作：小熊しもん＆PERFECT-STUDIO
衣裳製作：のだゆみこ（創ing）

メディコム・トイ プレミアムクラブ限定商品
発売元：タイムハウス
販売元：メディコム・トイ
© 石森プロ・東映
From『仮面ライダー555』(2003-2004)

ファイズのフォームチェンジした高速形態。胸部の装甲「フルメタルラング」が展開され内部機構が露出、全身のフォトンストリームが赤から銀色に変色する。スタータースイッチを押すと自身の動きを10秒間だけ1000倍に加速、同時に必殺技が複数回使用可能。

KAMEN RIDER Deluxe Type 2015 REAL ACTION HEROES

RAH No.694

RAH694　RAH DX 仮面ライダージョーカー（Ver.2.0）

原型製作：小熊しもん＆ PERFECT-STUDIO
衣装製作：秋元みえこ

メディコム・トイ プレミアムクラブ限定商品
発売元：タイムハウス
販売元：メディコム・トイ
© 石森プロ・東映
From『仮面ライダーW』(2009-2010)

フィリップがいなくなった後、左翔太郎がロストドライバーにジョーカーメモリを挿入することで一人で変身した姿。ガイアメモリを一本しか使用しないためにパワーでは、＜サイクロンジョーカー＞と比較するとおよそ半分。ただし、ジョーカーメモリの特性によって翔太郎の格闘技術や運動能力が極限まで高められている。

RAH703　RAH DX 仮面ライダーエターナル

原型製作：小熊しもん＆PERFECT-STUDIO
衣装製作：秋元みえこ

メディコム・トイ プレミアムクラブ限定商品
発売元：タイムハウス
販売元：メディコム・トイ
©石森プロ・東映
From『仮面ライダーW』(2009-2010)

KAMEN RIDER
Deluxe Type 2015 REAL ACTION HEROES

RAH No.708

RAH708 RAH DX 仮面ライダースカル（Ver.2.0）

原型製作：小熊しもん＆ PERFECT-STUDIO
衣装製作：秋元みえこ
帽子・マフラー製作：のだゆみこ（創ing）

メディコム・トイ プレミアムクラブ限定商品
発売元：タイムハウス
販売元：メディコム・トイ
© 石森プロ・東映
From『仮面ライダーW』（2009-2010）

148

RAH731 RAH DX 仮面ライダーディエンド

原型製作：小熊しもん＆ PERFECT-STUDIO
衣裝製作：秋元みえこ

メディコム・トイ プレミアムクラブ限定商品
発売元：タイムハウス
販売元：メディコム・トイ
© 石森プロ・東映
From『仮面ライダーディケイド』(2009)

RAH759 RAH DX 仮面ライダークウガ アルティメットフォーム

原型製作:小熊しもん&PERFECT-STUDIO
衣装製作:秋元みえこ

発売元:タイムハウス
販売元:メディコム・トイ
© 石森プロ・東映
From『仮面ライダークウガ』(2000-2001)

クウガの最強形態。通称「凄まじき戦士」。周囲の原子・分子を操り物質をプラズマ化する「超自然発火能力(パイロキネシス)」やプラズマイオンを放つ能力を持つ。

CHAPTER 03

CHAPTER 03
1971-1998

DENSEN MAN

Densen - ondo

REAL ACTION HEROES

RAH No. 183

RAH183   RAH DX デンセンマン

原型製作：PERFECT-STUDIO
衣装製作：のだゆみこ（創ing）

発売元・販売元：メディコム・トイ
©THE WORKS・石森プロ ©THE WORKS
From『みごろ！たべごろ！笑いごろ！』(1976-1978)『みごろ！ゴロゴロ！大放送!!』(1978-1979)
『みごろ！たべごろ！ナントカカントカ』(2003)『みごろ！たべごろ！デンセンマン』(2003)

封入フェイクチラシ
SFP-DM/11

RAH270 RAH DX 人造人間キカイダー

原型製作：PERFECT-STUDIO
衣装製作：のだゆみこ（創ing）

発売元：タイムハウス
販売元：メディコム・トイ
© 石森プロ・東映
From『人造人間キカイダー』(1972-1973)

封入フェイクチラシ　SFP-KIKAIDA/00-28

RAH284 RAH DX 人造人間ハカイダー

原型製作：PERFECT-STUDIO
衣装製作：のだゆみこ（創ing）

発売元：タイムハウス
販売元：メディコム・トイ
© 石森プロ・東映
From『人造人間キカイダー』(1972-1973)

封入フェイクチラシ　SFP-KIKAIDA/38-31

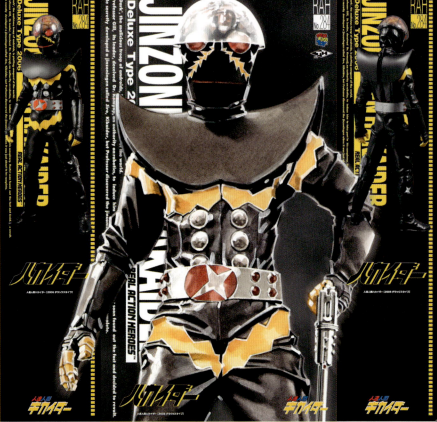

RAH537 RAH DX 人造人間キカイダー（Ver.1.5）

原型製作：PERFECT-STUDIO
衣装製作：のだゆみこ（創ing）

発売元：タイムハウス
販売元：メディコム・トイ
© 石森プロ・東映
From『人造人間キカイダー』(1972-1973)

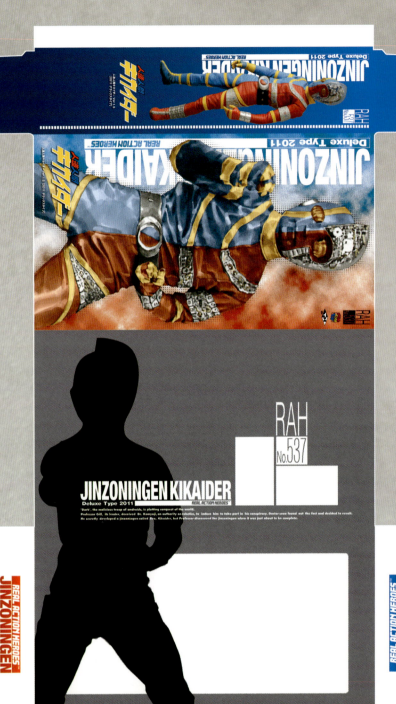

※実際の商品では、パッケージ中央部分は写真が使用されていました。

RAH578　RAH DX 宇宙刑事ギャバン

原型製作：PERFECT-STUDIO
衣装製作：のだゆみこ（創ing）

メディコム・トイ プレミアムクラブ限定商品
発売元：タイムハウス
販売元：メディコム・トイ
© 東映
From『宇宙刑事ギャバン』(1982-1983)

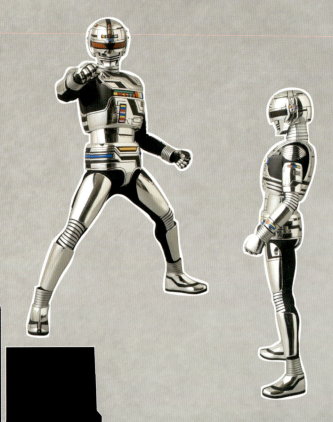

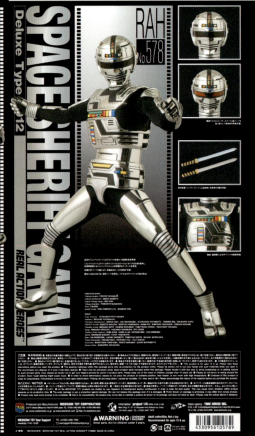

RAH611　RAH DX 宇宙刑事シャリバン

原型製作：小熊しもん ＆ PERFECT-STUDIO
衣裳製作：のだゆみこ（創ing）

メディコム・トイ プレミアムクラブ限定商品
発売元：タイムハウス
販売元：メディコム・トイ
© 東映
From『宇宙刑事シャリバン』(1983-1984)

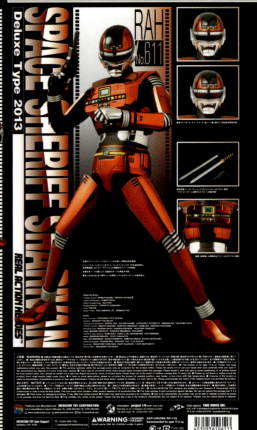

RAH621　RAH DX 宇宙刑事シャイダー

原型製作：小熊しもん＆ PERFECT-STUDIO
衣装製作：のだゆみこ（創ing）

メディコム・トイ プレミアムクラブ限定商品
発売元：タイムハウス
販売元：メディコム・トイ
© 東映
From『宇宙刑事シャイダー』(1984-1985)

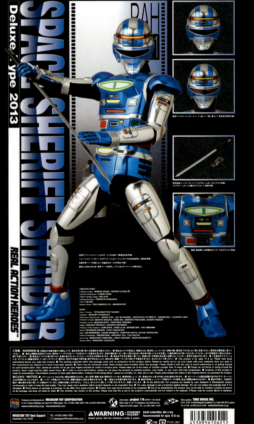

RAH641 RAH DX 巨獣特捜ジャスピオン

原型製作 小熊しもん＆ PERFECT-STUDIO
衣装製作 のだゆみこ（創ing）

メディコム・トイ プレミアムクラブ限定商品
発売元：タイムハウス
販売元：メディコム・トイ
© 東映
From『巨獣特捜ジャスピオン』(1985-1986)

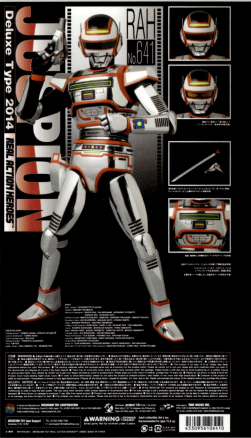

KIKAIDER 01
Deluxe Type 2014 — REAL ACTION HEROES™

RAH No.658

RAH658　RAH DX キカイダー01

原型製作：小熊しもん＆PERFECT-STUDIO
衣装製作：のだゆみこ（創ing）

メディコム・トイ プレミアムクラブ限定商品
発売元：タイムハウス
販売元：メディコム・トイ
© 石森プロ・東映
From『キカイダー01』（1973-1974）

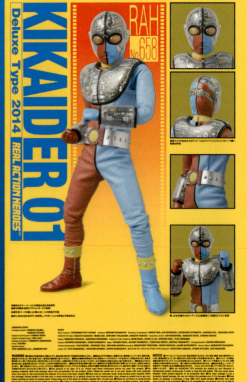

※今回の収録にあたって、リリース当時のイラストレーションを一部加筆修正しています。

RAH666　RAH DX マッドギャラン

原型製作：小熊しもん＆ PERFECT-STUDIO
衣装製作：のだゆみこ（創ing）

メディコム・トイ プレミアムクラブ限定商品
発売元：タイムハウス
販売元：メディコム・トイ
© 東映
From『巨獣特捜ジャスピオン』(1985-1986)

RAH691　RAH DX イナズマン

原型製作：小熊しもん＆ PERFECT-STUDIO
衣装製作：のだゆみこ（創ing）

メディコム・トイ プレミアムクラブ限定商品
発売元：タイムハウス
販売元：メディコム・トイ
© 石森プロ・東映
From『イナズマン』(1973-1974)

POWATOTTE Deluxe Type 2015 REAL ACTION HEROES

RAH No.717

RAH717　RAH DX 美少女仮面ポワトリン

頭部造形監修：花島優子
原型製作：林浩己＜頭部＞
　　　　　小熊しもん＆PERFECT-STUDIO＜パーツ＞
衣装製作：のだゆみこ（創ing）

メディコム・トイ プレミアムクラブ限定商品
発売元：タイムハウス
販売元：メディコム・トイ
©石森プロ・東映
From『美少女仮面ポワトリン』(1990)

RAH220
REAL ACTION HEROES 220

RAH220
REAL ACTION HEROES 220

RAH220-NO.1
仮面ライダー旧1号
原型製作：貴原 洋（TIME HOUSE）
衣装製作：竹本 伊佐子（TIME HOUSE）
From『仮面ライダー』(1971-1973)

RAH220-NO.1x
仮面ライダー旧1号（桜島1号）
原型製作：貴原 洋（TIME HOUSE）
衣裳製作：竹本 伊佐子（TIME HOUSE）
From『仮面ライダー』(1971-1973)

RAH220-NO.2
人造人間キカイダー
原型製作：貴原 洋、池田 義孝（TIME HOUSE）
衣装製作：竹本 伊佐子（TIME HOUSE）
From『人造人間キカイダー』(1972-1973)

RAH220-NO.3
ハカイダー
原型製作：貴原 洋、池田 義孝（TIME HOUSE）
衣装製作：竹本 伊佐子（TIME HOUSE）
From『人造人間キカイダー』(1972-1973)

RAH220-NO.4
仮面ライダー新1号
原型製作：猫電子ぷぅ、羽賀 文世、貴原 洋（TIME HOUSE）
衣装製作：竹本 伊佐子（TIME HOUSE）
From『仮面ライダー』(1971-1973)

RAH220-NO.4X トイザらス限定
ショッカーライダー
原型製作：猫電子ぷぅ（TIME HOUSE）
衣装製作：竹本 伊佐子（TIME HOUSE）
From『仮面ライダー』(1971-1973)

RAH220-NO.004X2 トイザらス限定
ショッカーライダー2号
原型製作：猫電子ぷぅ（TIME HOUSE）
衣装製作：竹本 伊佐子（TIME HOUSE）
From『仮面ライダー』(1971-1973)

RAH220 No.004X3 トイザらス・ドット・コム限定
ショッカーライダー3号～6号
原型製作：猫電子ぷぅ（TIME HOUSE）
衣装製作：竹本 伊佐子（TIME HOUSE）
From『仮面ライダー』(1971-1973)

RAH220-No.004X4 トイザらス限定
ハカイダー4人衆
原型製作：タイムハウス
From『キカイダー01』(1973-1974)

RAH220-NO.5
仮面ライダー旧2号
原型製作：猫電子ぷぅ、羽賀 文世、貴原 洋（TIME HOUSE）
衣装製作：竹本 伊佐子（TIME HOUSE）
From『仮面ライダー』(1971-1973)

RAH220-NO.6
初期型ショッカー戦闘員
原型製作：吉田 朗、小池 祐穂（TIME HOUSE）
衣装製作：竹本 伊佐子（TIME HOUSE）
From『仮面ライダー』(1971-1973)

RAH220-NO.7
ショッカーアイマスク戦闘員
原型製作：吉田 朗、小池 祐穂（TIME HOUSE）
衣装製作：竹本 伊佐子（TIME HOUSE）
From『仮面ライダー』(1971-1973)

RAH220-NO.8
ショッカー骨戦闘員
原型製作：吉田 朗、小池 祐穂（TIME HOUSE）
衣装製作：竹本 伊佐子（TIME HOUSE）
From『仮面ライダー』(1971-1973)

RAH220-NO.9
怪奇蜘蛛男
原型製作：羽賀 文世（TIME HOUSE）
衣装製作：竹本 伊佐子（TIME HOUSE）
From『仮面ライダー』(1971-1973)

RAH220-NO.10
恐怖蝙蝠男
原型製作：猫電子ぷぅ（TIME HOUSE）
衣装製作：竹本 伊佐子（TIME HOUSE）
From『仮面ライダー』(1971-1973)

RAH220-NO.11
仮面ライダーV3
原型製作：猫電子ぷぅ、小池 祐穂、加藤 崇志（TIME HOUSE）
衣装製作：竹本 伊佐子（TIME HOUSE）
From『仮面ライダーV3』(1973-1974)

RAH220-NO.11
仮面ライダーV3 HMV限定
原型製作：猫電子ぷぅ、小池 祐穂、加藤 崇志（TIME HOUSE）
衣装製作：竹本 伊佐子（TIME HOUSE）
From『仮面ライダーV3』(1973-1974)

RAH220-NO.12
ライダーマン
原型製作：猫電子ぷぅ、小池 祐穂、加藤 崇志（TIME HOUSE）
衣装製作：竹本 伊佐子（TIME HOUSE）
From『仮面ライダーV3』(1973-1974)

RAH220-NO.13
さそり男
原型製作：加藤 崇志（TIME HOUSE）
衣装製作：山田 麻里子（TIME HOUSE）
From『仮面ライダー』(1971-1973)

RAH220-NO.14
かまきり男
原型製作：加藤 崇志（TIME HOUSE）
衣装製作：山田 麻里子（TIME HOUSE）
From『仮面ライダー』(1971-1973)

RAH220 NO.15
サラセニアン
原型製作：羽賀 文世（TIME HOUSE）
衣装製作：山田 麻里子（TIME HOUSE）
From『仮面ライダー』(1971-1973)

RAH220-NO.16
死神カメレオン
原型製作：羽賀 文世（TIME HOUSE）
衣装製作：山田 麻里子（TIME HOUSE）
From『仮面ライダー』(1971-1973)

RAH220-NO.17
デストロン戦闘員
原型製作：猫電子ぷぅ（TIME HOUSE）
衣装製作：山田 麻里子（TIME HOUSE）
From『仮面ライダーV3』(1973-1974)

RAH220-NO.18
ハサミジャガー
原型製作：猫電子ぷぅ（TIME HOUSE）
衣装製作：山田 麻里子（TIME HOUSE）
From『仮面ライダーV3』(1973-1974)

RAH220-NO.19
カメバズーカ
原型製作：小池 祐穂（TIME HOUSE）
衣装製作：山田 麻里子（TIME HOUSE）
From『仮面ライダーV3』(1973-1974)

RAH220-NO.20
蜂女
原型製作：猫電子ぷぅ（TIME HOUSE）
衣装製作：山田 麻里子（TIME HOUSE）
From『仮面ライダー』(1971-1973)

RAH220-NO.21
ヤモゲラス
原型製作：加藤 崇志（TIME HOUSE）
衣装製作：山田 麻里子（TIME HOUSE）
From『仮面ライダー』(1971-1973)

RAH220-NO.22
テレビバエ
原型製作：イケダキヨカ（TIME HOUSE）
衣装製作：竹本 伊佐子（TIME HOUSE）
From『仮面ライダーV3』(1973-1974)

RAH220-NO.23
イカファイヤー
原型製作：真辺 誠二郎（TIME HOUSE）
衣装製作 山田 麻里子（TIME HOUSE）
From『仮面ライダーV3』(1973-1974)

RAH220-NO.26
コブラ男
原型製作：真辺 誠二郎（TIME HOUSE）
衣装製作：竹本 伊佐子（TIME HOUSE）
From『仮面ライダー』(1971-1973)

RAH220-NO.27
ゲバコンドル
原型製作：加藤 崇志（TIME HOUSE）
衣装製作：山田 麻里子（TIME HOUSE）
From『仮面ライダー』(1971-1973)

RAH220-NO.29
トカゲロン
原型制作：真辺 誠二郎（TIME HOUSE）
From『仮面ライダー』(1971-1973)

RAH220-NO.30
サボテグロン
原型製作：真辺 誠二郎（TIME HOUSE）
コスチューム：山田 麻里子（TIME HOUSE）
From『仮面ライダー』(1971-1973)

RAH220-NO.31
仮面ライダー新2号
原型制作：貴原 洋（TIME HOUSE）
衣装制作：竹本 伊佐子（TIME HOUSE）
From『仮面ライダー』(1971-1973)

RAH220-NO.32
仮面ライダーX
原型制作：市川 裕文、小池 祐穂（TIME HOUSE）
衣装制作：竹本 伊佐子（TIME HOUSE）
From『仮面ライダーX』(1974)

RAH220-NO.33
アポロガイスト
原型制作：イケダキヨカ（TIME HOUSE）
衣装制作：山田 麻里子（TIME HOUSE）
From『仮面ライダーX』(1974)

RAH220-No.34
ザンジオー
原型制作：池田 義孝（TIME HOUSE）
From『仮面ライダー対ショッカー』(1972)

RAH220-No.35
仮面ライダーアマゾン
原型製作：真辺 誠二郎（TIME HOUSE）
衣装製作：竹本 伊佐子（TIME HOUSE）
From『仮面ライダーアマゾン』(1974-1975)

RAH220-No.36
クモ怪人
原型製作：加藤 崇志（TIME HOUSE）
From『仮面ライダーアマゾン』(1974-1975)

RAH220TM内蔵（©MEDICOMTOY・TIME HOUSE）
発売元：タイムハウス
販売元：メディコム・トイ
© 石森プロ・東映

THM
TIME HOUSE MANIACS

01 ショッカー科学者／From『仮面ライダー』(1971-1973)
02 ザンブロンゾ／From『仮面ライダー』(1971-1973)
03 凱聖クールギン／From『超人機メタルダー』(1987-1988)
04 デストロン戦闘員／From『仮面ライダーV3』(1973-1974)
05-a クモ怪人（リーダータイプ）／From『仮面ライダーBLACK』(1987-1988)
05-b クモ怪人（ソルジャータイプ）／From『仮面ライダーBLACK』(1987-1988)
06 サラセニアン／From『仮面ライダー』(1971-1973)
07 カニバブラー／From『仮面ライダー』(1971-1973)
08 ドクダリアン／From『仮面ライダー』(1971-1973)
09 ゴースター／From『仮面ライダー』(1971-1973)
10 超神ビビューン／From『超神ビビューン』(1976-1977)
11 デスガロン／From『仮面ライダーBLACK RX』(1988-1989)
12 ロボライダー／From『仮面ライダーBLACK RX』(1988-1989)
13 スノーマン／From『仮面ライダー』(1971-1973)
14 蜂女／From『仮面ライダー』(1971-1973)
15 伊賀電／From『宇宙刑事シャリバン』(1983-1984)
16 宇宙刑事シャリバン／From『宇宙刑事シャリバン』(1983-1984)
17 ガニコウモル／From『仮面ライダー』(1971-1973)
18 バイオライダー／From『仮面ライダーBLACK RX』(1988-1989)
19 ビジンダー／From『キカイダー01』(1973-1974)
20 一ツ目タイタン／From『仮面ライダーX』(1974)
21 ゲルショッカー戦闘員／From『仮面ライダー』(1971-1973)
22 シオマネキング／From『仮面ライダー』(1971-1973)

発売元・販売元：タイムハウス
© 石森プロ・東映　© 東映

PROFILE 菅原芳人 すがはら よしひと

ヒーローイディオム・イラストレーター。1998年〜99年『仮面ライダー』『仮面ライダーV3』のLDシリーズ（東映ビデオ）のジャケットを担当、'99年からタイムハウス-メディコム・トイのアクションフィギュア商品のパッケージアートを継続的に手掛ける。2000年画集『Art of MASKED RIDER』（角川書店）刊行。'07年より＜菅原芳人計画＞（バンダイアパレル）をプロデュース開始。'08年ブルース・リー画集『INSPIRE!: BRUCE LEE』（ジェネオン）刊行、'09年カレンダー『菅原芳人×仮面ライダー』（東映）、'14年仮面ライダーキャンバスアートシリーズ発売（東映）、'16年仮面ライダー45周年記念切手シート（日本郵政グループ）発売。同年、宮城県-石ノ森萬画館にて3ヶ月に渡る初の個展開催。'17年よりジグソーパズル＜菅原芳人WORKS＞シリーズ（エンスカイ）を開始。'18年『仮面ライダーand MORE フェイクチラシコレクション』（復刊ドットコム）刊行。ブルース・リーエンタープライズ公認イラストレーターでもあり、ブルース・リー財団日本支部常任理事（代表はシャノン・リー氏、日本支部最高顧問は中村頼永氏）。スタジオばさら主宰。

Yoshihito Sugahara Works
REAL ACTION HEROES
SUGAHARA HERO BOOK vol.2 2001-2018

2018年10月25日 初版発行

著者：菅原芳人
発行者：岩本利明
発行：株式会社復刊ドットコム
〒141-8204 東京都品川区上大崎3-1-1 目黒セントラルスクエア
TEL：03-6800-4460

Executive Producer：大野修一
Design & Direction, Produced by 讃岐ケイコ

Special thanks to（順不同・敬称略）
石ノ森章太郎／赤司竜彦／大久保元太／アミーゴ＜HULA＞野池／猫電子ぷう／小池 祐穂／池田圭郁／池田義孝
浅井＜イタチザメ＞智子／羽賀文世／竹本伊佐子／真辺誠二郎／広瀬裕之／加瀬谷晋吾／菅＜初代馬鹿右衛門＞誠司
花島優子／森實＜クリームソーダ水＞由香／藤田浩／片山浩徳／塚地武雅／椎葉健二／加藤紀子／菅野充夫
古賀邦明／齋藤智子／大瀧詠一／Toa sughara-39／菅原尚／杉浦＜睡眠不足番長＞美恵／篠原＜アフロ＞智士
石森プロ／東映／メディコム・トイ／タイムハウス／THE WORKS／バンダイ／エンスカイ

印刷：株式会社廣済堂

© 2018 SUGAHARA YOSHIHITO
© 石森プロ・東映　　© 東映　　© タイムハウス　　© メディコム・トイ　　© THE WORKS

ISBN978-4-8354-5615-7 C0076
Printed in Japan

○乱丁・落丁はお取り替えいたします。大変お手数ですが、購入された書店名と不具合箇所を明記して小社までお送りください。
○本書の無断複製（コピー、スキャン、デジタル化含む）は著作権法上での例外を除き、禁じられています。
○定価はカバーに表示してあります。

※『Yoshihito Sugahara Works 仮面ライダー and More フェイクチラシコレクション』の中に、
　誤表記がありました。ここで訂正し、お詫び致します。
　P014の右下部（誤）RAH-DX No.102 →（正）RAH-DX No.172